BENZINE

NITRO-BENZINE, ANILINE

ET

PRODUITS CHIMIQUES

F. LAURENT ET CASTHELAZ

PHARMACIENS

19, *Rue Sainte-Croix-de-la-Bretonnerie*

A PARIS

Fabrique et Usine à vapeur à Aubervilliers

PARIS

IMPRIMERIE ET LITHOGRAPHIE FÉLIX MALTESTE ET Cⁱᵉ
RUE DES DEUX-PORTES-SAINT-SAUVEUR, 22.

1860

RÉCOMPENSES

OBTENUES

PAR MM. F. LAURENT ET CASTHELAZ

1855 — Exposition universelle de Paris. — Mention honorable.

1855 — Exposition d'Amsterdam. — Médaille de Bronze.

1856 — Exposition de Bruxelles. — Mention honorable.

1856 — Exposition Photographique de Paris.— Mention honor.

1859 — Exposition de Bordeaux. — Médaille de Bronze.

PRODUITS CHIMIQUES

DE

F. LAURENT ET CASTHELAZ

Le domaine de la chimie est infini, et le nombre des produits chimiques employés dans la médecine, dans les arts et dans l'industrie augmente chaque jour. Comme nous nous occupons dans notre usine d'Aubervilliers de la fabrication de tous les produits chimiques pharmaceutiques, de ceux employés en photographie, en teinture, en impressions sur étoffes, des réactifs, etc., nous n'avons pas cru devoir exposer des échantillons isolés de chaque genre. Nous avons préféré borner notre exposition à deux séries de produits chimiques, et nous les avons présentées aussi complètes que possible. En raison de leur intérêt industriel et de leur actualité, nous avons choisi :

1° Les produits dérivés de la houille ;

2° Les produits photographiques.

La chimie est la science du progrès, les applications nouvelles s'y succédent, et les composés qui ne présentaient d'abord qu'un intérêt purement scientifique, acquièrent en peu de temps une importance considérable et deviennent produits industriels. Les produits dérivés de la houille se trouvent dans ce cas. Découverts et étudiés depuis 1820, ils n'ont reçu d'applications sérieuses que depuis deux ou trois années, lorsque l'industrie apprit à connaître ces magnifiques couleurs que donne l'aniline, ces violets fixes, ces rouges de toutes nuances. Au début, les cours élevés de ces matières colorantes en arrêtaient l'essor, mais en peu de temps les procédés de fabrication furent perfectionnés, les produits eux-mêmes améliorés furent obtenus et livrés à des prix plus avantageux, et les benzines, les nitro-benzines, l'aniline, les violets et les rouges d'aniline devinrent des produits commerciaux et industriels.

La seconde série comprend les produits photographiques, et l'importance que la photographie a acquise depuis quelques années, l'intérêt que présentent pour un grand nombre d'artistes et d'amateurs, les produits chimiques destinés à cette science, explique le choix que nous avons fait de la série des produits chimiques employés en photographie.

PREMIÈRE SÉRIE

—

PRODUITS DÉRIVÉS DE LA HOUILLE

BENZINE

NITRO-BENZINE ET ANILINE

DE

F. LAURENT ET CASTHELAZ

Seuls adjudicataires des Huiles de houille légères de la Cie Parisienne du Gaz.

La décomposition de la houille par la chaleur, est la base de la fabrication du coke, du goudron et du gaz de l'éclairage.

La distillation des goudrons est la base de la fabrication des brais secs, des brais liquides, et des huiles de houille lourdes et des huiles de houille légères.

La distillation des huiles de houille légères, leur traitement approprié constituent la fabrication de la benzine et de ses dérivés, la nitrobenzine et l'aniline. Telle est notre industrie. Seuls adjudicataires des huiles de houille légères de la Compagnie Parisienne d'éclairage et de chauffage par le gaz, nous fabriquons à Aubervilliers les benzines pour l'industrie, les nitro-benzines et l'aniline pour la teinture et l'impression sur étoffes. Pour juger de l'importance de notre fabrication, il suffira de savoir que nous consommons toutes les huiles de houilles légères que la Compagnie Parisienne du Gaz produit dans ses ateliers de distillation de Passy et d'Ivry, de la Villette, et ce dernier établissement est un de ceux qui en fabriquent le plus en Europe.

PRODUITS EXPOSÉS

Huile de houille légère.

Benzine pure.

Éthéro-benzine.

Benzine du commerce.

Nitro-benzine brute.

Nitro-benzine pour aniline.

Nitro-benzine pour parfumerie.

Aniline rectifiée.

———

———

Naphthaline.

Nitrate de mercure.

Huile de houille légère. — Celle que nous avons exposée, provient de l'usine de distillation de la Compagnie Parisienne du Gaz.

Benzine pure. — Nous désignons ainsi la benzine chimiquement pure, débarrassée de tous les produits étrangers, que contient l'huile de houille légère.

Éthéro-benzine. — Nous en avons fait l'objet d'une spécialité, cette sorte de benzine se distingue par son odeur agréable, sa prompte évaporation, elle est destinée exclusivement au détachage. Nous en donnons plus loin les propriétés, ainsi que la manière de l'employer.

Benzine du commerce. — C'est un produit d'une composition assez variable, il contient de la benzine et plusieurs autres huiles de houilles légères. La benzine du commerce s'emploie dans l'industrie pour le détachage, la dissolution du caoutchouc, l'éclairage minéral, etc.

Nitro-benzine ou essence de mirbane. — Trois échantillons ont été exposés, ils ont été pris à divers moments de la fabrication.

1° *Nitro-benzine brute.* — Ce produit n'est pas commercial, il n'a pas encore subi de distillation, néanmoins on en a proposé l'emploi pour masquer l'odeur des vieilles graisses et dans la fabrication des savons communs.

2º *Nitro-benzine pour aniline.* — C'est le produit précédent distillé une première fois. Il peut être directement transformé en aniline.

3º *Nitro-benzine pour parfumerie.* — C'est le produit précédent rectifié, c'est-à-dire distillé une seconde fois ; il sert en parfumerie, en savonnerie pour remplacer l'essence d'amandes amères, il peut être employé à la préparation de l'aniline.

Aniline rectifiée. — C'est l'aniline pure, la base volatile salifiable susceptible de se transformer en matière colorante rouge, ou en matière colorante violette. L'aniline sous l'influence de l'oxygène de l'air se colore, de blanche qu'elle était lors de sa distillation, elle passe au jaune ambré et devient ensuite rougeâtre. Le produit exposé ne conservera donc pas longtemps sa blancheur primitive.

Naphthaline.—L'échantillon exposé est de la naphthaline pure et sublimée. La naphthaline présente un assez grand intérêt scientifique, mais elle n'a pas encore reçu d'application industrielle. La naphthaline se trouve dans les huiles de houille.

Nitrate de mercure. — Ce sel est employé pour oxyder l'aniline et la transformer en matière colorante rouge.

Pour mieux faire comprendre l'importance des produits dérivés des huiles de houille, nous citerons la note suivante du docteur Quesneville. Elle se trouve dans le *Moniteur scientifique* de Novembre 1859.

NOTE DU DOCTEUR QUESNEVILLE.

Nitro-Benzine ou Mirbane, Aniline et violet d'Aniline.

L'attention du monde industriel est fixée depuis quelque temps sur la benzine, la nitro-benzine, et sur les applications nombreuses qu'a reçues l'aniline dans l'impression sur étoffes et dans la teinture en violet fixe de la soie, de la laine et du coton.

Les nuances violettes se faisaient généralement à l'orseille, mais, en raison du peu de stabilité de ce principe colorant, elles changeaient sous l'influence seule de la lumière; elles s'altéraient par l'action des acides les plus faibles. L'aniline est venue remplacer l'orseille ; elle constitue la base d'une couleur violette fixe, inaltérable à la lumière, et sur laquelle n'agissent ni les acides, ni les alcalis; c'est à cette grande stabilité qu'elle doit toute son importance. L'aniline peut donner les nuances les plus variées, depuis le lilas le plus tendre jusqu'au violet le plus foncé.

L'apparition de ce violet fixe a produit une véritable révolution en teinture; la consommation en est devenue très importante, mais elle a été entravée jusqu'à présent par la difficulté de se procurer soit de la nitro—benzine ou essence de mirbane pour préparer l'aniline, soit de l'aniline pure. MM. F. Laurent et Casthelaz, fabricants de produits chimiques de Paris, se sont occupés, au point de vue scientifique d'abord, des huiles de houille, de la benzine, de la nitro-benzine et de l'aniline ; ils ont apporté de notables améliorations dans le mode de préparation, dans la distillation de ces différents produits et de la nitro-benzine en particulier, et, mettant à profit leurs recherches, ils ont monté dans leur usine d'Aubervilliers la fabrication en grand de la benzine, de la nitro-benzine et de l'aniline, et pourront ainsi assurer la consommation de notre industrie nationale. Nous allons, du reste, communiquer les renseignements que nous adressent MM. Laurent et Casthelaz sur cette fabrication.

Sommaire des opérations que doivent subir la houille et ses dérivés pour arriver au violet d'aniline

PAR F. LAURENT ET CASTHELAZ.

Le charbon n'a pas encore été transformé en diamant, mais on est parvenu à extraire de la houille un produit violet d'une valeur égale à celle de l'or, d'une nuance magnifique, d'une puissance de coloration extraordinaire ; nous voulons parler du violet d'aniline.

Le violet d'aniline est désigné par les personnes qui ne sont pas au courant de la science sous le nom de couleur violette de la houille ou du charbon ; la houille, en effet, en est la source première ; mais ce n'est qu'après une longue série d'opérations que l'on peut arriver à cette précieuse couleur.

1° *Distillation de la houille.* — La houille doit être soumise à la distillation ; cette opération est la base de fabrication du gaz de l'éclairage, et les produits auxquels elle donne naissance sont :

1° Le coke, produit fixe, qui reste dans la cornue ;

2° Le goudron, produit semi-liquide, qui passe à la distillation ;

3° Les eaux ammoniacales et les sels ammoniacaux ;

4° Le gaz de l'éclairage.

Le gaz et le coke sont les produits principaux, l'ammoniaque et le goudron les produits secondaires ; pendant longtemps même le goudron n'avait que peu ou point d'application et était brûlé sous les cornues à gaz ; maintenant, il est récolté avec soin, distillé, et c'est le produit qui nous intéresse le plus au point de vue de l'aniline.

2° *Distillation du goudron.* — La présence de l'aniline a été signalée dans le goudron ; mais elle s'y trouve en si petite quantité et mêlée à tant de produits étrangers : ammoniaque, benzine, toluine, acide phénique, leucoline, naphthaline, etc., qu'il faudrait, pour l'en extraire directement, des traitements trop longs et trop dispendieux. Le goudron est donc soumis à la distillation et fournit alors les produits suivants :

1° Le brai sec, produit non fixe, qui reste dans la cornue ;
2° Les huiles volatiles de houille.

Nous ne nous occuperons que de ces dernières.

1° *Distillation des huiles de houille.* — Les huiles volatiles de houille sont des produits très complexes ; elles contiennent en effet presque tous les produits que nous avons signalés comme parties constituantes du goudron, à l'exception du brai. Soumises à la distillation, elles passent à des températures diverses ; elles sont ainsi fractionnées, et l'on obtient des huiles de propriétés et de densités très variables.

1° Les huiles de houille lourdes ;
2° Les huiles de houille légères.

Les huiles de houille lourdes sont peu employées ; en raison de la propriété dont elles jouissent de préserver les bois de la pourriture et des insectes, elles servent à injecter les traverses de chemins de fer.

Les huiles de houille légères sont des mélanges à proportions variables de benzine, de toluine, d'acide phénique et d'autres substances d'un moindre intérêt ; suivant leur densité, elles servent soit à la fabrication de l'acide nitro-phénique ou picrique, soit à celle de la benzine.

4° *Distillation des huiles légères de houille.* — Cette opération est la base de la préparation de la benzine. Suivant le degré de pureté plus ou moins grand des huiles mises en traitement, il faut leur faire subir deux ou plusieurs distillations, de manière à les amener à une densité de 27 à 28º Beaumé. Les benzines varient beaucoup suivant la nature des houilles que l'on a distillées, suivant les températures auxquelles les distillations ont été faites ; elles diffèrent également d'odeur et de volatilité, et, suivant leurs propriétés, elles reçoivent des applications diverses.

1º La benzine sert à la dissolution du caoutchouc et de la gutta-percha ;

2º Elle entre dans la composition de certains vernis en raison de son action dissolvante des gommes résines ;

3º Elle sert à dissoudre les corps gras, et, par suite, au détachage et au dégraissage des étoffes en général ;

4º Elle est employée pour l'éclairage ; on la brûle alors dans des lampes spéciales, soit pure, soit mélangée à d'autres liquides moins carbonés ;

5º Elle est employée comme agent carburateur du gaz de l'éclairage. En faisant passer le gaz dans la benzine, il se charge de principes carbonés et acquiert ainsi un pouvoir éclairant beaucoup plus considérable ;

6º Elle sert à préparer la nitro-benzine ou essence de mirbane, etc. Nous n'avons cité que les principaux emplois de la benzine ; ils suffisent pour faire comprendre l'importance de ce produit.

5º *Transformation de la benzine en nitro-benzine.* — La benzine soumise à l'action de l'acide nitrique concentré ou d'un mélange d'acide nitrique et d'acide sulfurique concentré, donne un liquide rougeâtre qui constitue la nitro-benzine brute. Ce produit est soumis à une ou deux distillations, et l'on obtient un liquide jaune paille, d'une odeur agréable, rappelant celle de l'essence d'amandes amères, d'une densité de beaucoup supérieur à celle de l'eau, et marquant de 20 à 22 degrés au pèse-sel; il constitue alors la nitro-benzine distillée ou l'essence de mirbane.

6° *Transformation de la mirbane en aniline.* — La nitro-benzine pure et distillée étant soumise à l'action de l'hydrogène naissant, se transforme en aniline que l'on purifie à son tour par une ou deux distillations. Elle se présente alors sous forme d'un liquide oléagineux, blanc lorsqu'il vient d'être obtenu, mais devenant bientôt jaune, rosé, puis rougeâtre; elle constitue une base salifiable volatile.

7° *Transformation de l'aniline en violet d'aniline.* — L'aniline blanche enfin, sous l'influence d'agents oxydants se transforme en aniline virée, c'est-à-dire violette, propre à être employée en teinture et en impression sur étoffes. L'aniline violette se vend sous plusieurs états, en liquide plus ou moins concentré, en pâte ou carmin, en poudre; elle est connue dans le commerce sous les désignations suivantes : harmaline, indisine, cyanoline, aniléine, etc.

Voici les prix comparatifs des divers produits dont nous avons parlé :

		fr. c.		fr. c.	
Houille. . . . . . suivant qualité, de		0 02 1/2	à	0 03 1/2	le kil.
Goudron. . . . . d°		0 08	à	0 10	le kil.
Huile de houille lourde. . . . d°		0 30	à	0 40	le kil.
Huile de houille légère. . . . d°		0 80	à	1 25	le kil.
Benzine. . . . . d°		1 30	à	1 60	le kil.
Nitro-benzine brute. . . . . . d°		7 »	à	7 50	le kil.
Nitro-benzine rectifiée. . . . d°		10 »	à	12 »	le kil.
Aniline ordinaire. . . . . . . d°		40 »	à	-50 »	le kil.
Aniline violette liquide. . . . d°		5 »	à	20 »	le kil.
Aniline violette en carmin. . d°		40 »	à	100 »	le kil.
Aniline violette pure en poudre d°		3,000 »	à 4,000 »		le kil.

Les prix de l'aniline sont assez élevés, mais une petite quantité suffit pour donner beaucoup de coloration ; quant à la valeur des anilines violettes, elle est toujours proportionnelle à la quantité de matières colorantes qu'elles contiennent.

L'importance de l'aniline est maintenant généralement reconnue ; elle est due à la fixité, à l'inaltérabilité, à la beauté du violet et de toutes les nuances faites à l'aniline.

Nous traiterons successivement de tous les produits dont nous avons parlé d'une manière si sommaire, nous reviendrons sur leur préparation et sur leurs propriétés.

ROUGE D'ANILINE

Lorsque parut dans le *Moniteur scientifique* la note précédente relative aux produits dérivés de la houille, le violet d'aniline était la couleur dont on s'occupait le plus, l'on commençait seulement à parler du rouge d'aniline. Depuis lors, cette matière colorante a acquis une grande importance sans atteindre toutefois celle du violet de même base.

Les rouges d'aniline font actuellement l'objet de deux brevets et ils ont reçu les noms de fuchsine et d'azaléine suivant les procédés employés pour les préparer.

Les brevets pris pour ces rouges d'aniline ont beaucoup contribué à en arrêter l'essor, il est regrettable qu'il en soit ainsi et que l'intérêt particulier l'emporte sur l'intérêt général et sur la y production à bon marché.

Transformation d'aniline en fuchsine. — L'aniline blanche sous l'influence du bichlorure d'étain anhydre subit une chloruration et se transforme en un rouge d'aniline désigné sous le nom de fuchsine. — En raison du haut prix du bichlorure d'é-

tain anhydre ou liqueur de Libavius, on lui substitue l'oxymu-
riate d'étain ou d'autres chlorures métalliques qui réagissent de
même. — La fuchsine est brevetée par MM. Renard et Franc.

Transformation de l'aniline en azaléine. — L'aniline blanche
sous l'influence du nitrate de mercure subit une oxydation et se
transforme en un rouge d'aniline appelé azaléine. — Les nitrates
en général, l'oxyde de plomb puce et d'autres sels oxydants réagissent de même sur l'aniline et produisent de l'azaléine. — L'a-
zaléine est brevetée par M. Gerber Keller, à Dornach.

Les rouges d'aniline ont valu pendant quelque temps
100 fr. le kil., ils ne se vendent plus que 60 à 70 fr. le kil., et
pourraient être obtenus par l'industrie à un prix bien inférieur
s'il ne fallait passer par les exigences des brevetés.

Autres matières colorantes provenant des dérivés de la houille et de l'aniline.

Bleu d'aniline. — On parle depuis quelque temps du bleu
d'aniline, et nous avons vu des échantillons de soies teintes au
moyen d'un bleu obtenu par l'aniline.

Lorsque l'on traite l'aniline blanche ou une dissolution d'un
sel d'aniline par le chlorure de chaux, la première réaction consiste en une magnifique coloration bleue d'une intensité qui rap-
pelle celle de l'indigo; le bleu d'aniline existe donc, il ne reste
qu'à le fixer, et si l'on n'est pas encore arrivé à l'isoler d'une
manière tout à fait satisfaisante, nous ne doutons pas qu'on
parvienne et qu'on obtienne un produit commercial.

Vert d'aniline — On a parlé également du vert d'aniline; nous
n'en avons pas vu d'échantillons, mais nous savons que l'aniline
donne naissance avec les sels de cuivre à un précipité d'une belle
couleur verte.

Acide picrique. — En dehors des matières colorantes que produit l'aniline, la houille donne encore un produit tinctorial d'une grande importance, nous voulons parler de l'acide picrique. — Cet acide en effet, est produit par la réaction de l'acide nitrique sur l'acide phénique. Il donne des nuances jaunes très belles ; il est employé en teinture sur soie et sur coton.

Nous avons dressé les tableaux suivants pour que d'un coup d'œil l'on puisse suivre la série d'opérations que doivent subir la houille et ses dérivés pour arriver à l'aniline et aux matières colorantes à base d'aniline.

TABLEAU DES OPÉRATIONS POUR ARRIVER DE LA HOUILLE A L'ANILINE

MATIÈRES PREMIÈRES	PRODUIT DE LA DISTILLATION	TRAITEMENT PAR L'ACIDE AZOTIQUE	RÉDUCTION PAR L'HYDROGÈNE
Houille	Coke		
	Goudron		
	Produits ammoniacaux		
	Gaz de l'éclairage		
Goudron	Brai sec		
	Huile de houille lourde		
	Huile de houille légère		
Huile de houille lourde	Naphthaline	Nitro naphthaline	
	Acide phénique	Acide picrique	
	Acide rosolique		
	Acide brunacique		
	Aniline		
Huile de houille légère	Benzine	Nitro benzine	Aniline
		Bi-Nitro benzine	
	Toluine	Nitro-toluine	Toluidine
		Bi-Nitro-toluine	
	Cumine	Nitro-cumine	Cuminine
	Acide phénique	Acide picrique	
	Naphthaline	Nitro-naphthaline	

ANILINE ET MATIÈRES COLORANTES DE L'ANILINE

	RÉACTIFS	RÉACTIONS	DÉNOMINATION	ÉTAT
ANILINE	Acide sulfurique concentré. Acides en général. Acide oxalique	Saturation de l'aniline.	Sulfate d'aniline. Sels d'aniline. Oxalate d'aniline.	Sel blanc pulvérulent. Peu solubles à froid, solubles chaud. Presque insoluble à froid.
	Chlore. Chlorure de chaux. Chromate de potasse. Acide chromique. Oxyde de plomb puce. Oxydants en général.	Oxydation de l'aniline et production de matière colorante violette.	Aniléine. Harmaline. Violet d'aniline. Indisine. Kyanoline. Rosolane.	Poudre violette. Carmin violet. Liquide violet
	Bi-Chlorure d'étain anhydre. Oxymuriate d'étain. Chlorures en général.	Chloruration de l'aniline et production de matière colorante rouge.	Fuchsine (brevetée).	Carmin.
	Nitrate de mercure. Nitrates en général. Oxyde de plomb puce. Sels oxydants.	Oxydation de l'aniline et production de matière colorante rouge cramoisi.	Azaléine (brévetée).	Écailles mordorées. Carmin rouge foncé. Liquide rouge foncé.
	Sulfate de cuivre. Sels de cuivre en général.	Précipitation d'un sel double d'aniline et de cuivre.	Vert d'aniline.	Poudre verte.
	Chlorure de chaux.	Coloration bleue intense rappelant celle de l'indigo.	Bleu d'aniline.	Liquide.

Les couleurs à base d'aniline soit violettes ou rouges sont d'une grande fixité, elles s'unissent sans décomposition au carmin d'indigo ou au sulfate d'indigo, si bien qu'au moyen de ces trois matières colorantes :

> Violet d'aniline.
> Bleu d'indigo.
> Rouge d'aniline.

On peut obtenir des nuances qui varient à l'infini et qui se distinguent toujours par leur éclat et leur fraîcheur.

L'aniline et les couleurs dont elle est la base sont actuellement les produits les plus importants qu'emploient la teinture et l'impression sur étoffes, et l'on ne saurait croire l'activité qu'ont dû déployer les fabriques de benzine, de mirbane et d'aniline et celles des matières colorantes dérivées de l'aniline pour arriver à suffire à la consommation de nos grands centres manufacturiers de Lyon et de Mulhouse.

ÉTHÉRO-BENZINE

ESSENCE A DÉTACHER DE F. LAURENT ET CASTHELAZ

Sans avoir l'importance des produits dont nous venons de parler, l'éthéro-benzine mérite une mention spéciale.

Propriétés de l'Éthéro-Benzine.

L'ÉTHÉRO-BENZINE OU BENZINE PURE ET ÉTHÉRÉE est destinée à remplacer la Benzine ordinaire dans ses diverses applications. Elle constitue une des meilleures Essences que l'on puisse employer pour enlever les taches formées par les corps gras sur les étoffes de tout genre; aussi mérite-t-elle de fixer l'attention des

ménagères, et peut-elle être considérée comme un produit d'économie domestique.

Les principales substances employées pour détacher sont les
Benzines ordinaires, les Eaux de Cologne, les Essences de térébenthine et de citron distillées. Les inconvénients des Benzines
ordinaires et de l'Essence de térébenthine résultent de leur
odeur insupportable et persistante; ceux des Eaux de Cologne
proviennent des cercles concentriques qu'elles laissent toujours
sur les étoffes après le départ des taches. Quant à l'Essence de
citron, le prix en est trop élevé pour que l'emploi puisse en être
général.

L'ÉTHÉRO–BENZINE est distillée à la vapeur; elle est préparée
avec des soins particuliers; elle est légèrement aromatisée; aussi
remplit-elle toutes les conditions que l'on doit exiger d'une bonne
Essence à détacher :

1° L'arome en est agréable et citronné;
2° L'odeur en est fugace et peu persistante;
3° La volatilité en est complète;
4° L'action sur les corps gras est immédiate;
5° L'emploi en est commode et facile.

En raison de cet ensemble de propriétés bien constatées, nous
sommes assurés de la supériorité de notre Essence, et nous pouvons recommander l'emploi de notre ÉTHÉRO–BENZINE.

EMPLOI POUR DÉTACHER.

L'ÉTHÉRO–BENZINE enlève, sur les étoffes de tout genre, sur le
velours, la soie, la laine, le drap, sur les tissus de fil ou de coton
les taches produites par les corps gras ou résineux, le suif, la
graisse, les huiles, la bougie, la peinture, le vernis, etc.

Toutes les dames savent détacher au moyen de l'alcool ou de

l'eau de Cologne, nous nous bornerons à signaler certaines précautions à prendre. L'étoffe à détacher doit être placée au-dessus d'un petit carré de flanelle, plié en deux ou trois doubles et destiné à absorber l'ÉTHÉRO-BENZINE chargée du corps gras. La tache doit être frottée avec du coton cardé ou avec de la flanelle imbibée d'ÉTHÉRO-BENZINE. En peu d'instants la tache disparaît et toute odeur se dissipe.

Les rubans se détachent comme nous venons de le dire, ou en les plongeant dans l'ÉTHÉRO-BENZINE. On absorbe alors cette dernière entre deux doubles de flanelle et on repasse ensuite les rubans.

Les gants se nettoient de même. Une fois bien étendus, il suffit de les frotter avec du coton cardé, imbibé d'ÉTHÉRO-BENZINE.

L'ÉTHÉRO-BENZINE est sans action sur les taches produites par les corps solubles dans l'eau et qu'enlève ce dernier liquide. Ce sont, du reste, les plus anodines et celles que les Dames redoutent le moins.

L'ÉTHÉRO-BENZINE est un liquide inflammable. Il faut donc éviter de s'en servir près du feu ou dans le voisinage de bougies allumées.

SECONDE SÉRIE

PRODUITS PHOTOGRAPHIQUES

DE

F. LAURENT ET CASTHELAZ.

La photographie nécessite l'emploi d'un grand nombre de produits chimiques et comme elle ne peut admettre que des produits d'une entière pureté et toujours identiques, il faut apporter dans leur préparation des soins tout particuliers. — Nous nous en occupons d'une manière spéciale depuis plusieurs années, et notre fabrication en est assez importante pour que nous considérions les produits pour la photographie comme une des principales branches de notre industrie. Nous devons à nos produits photographiques quelques-unes des récompenses que nous avons obtenues précédemment.

PRODUITS PHOTOGRAPHIQUES EXPOSÉS.

Acide acétique cristallisé.	Chlorure d'or.
» gallique.	Chloroforme.
» pyrogallique.	Cyanure de potassium.
Azotate d'argent.	Collodion normal.
» de zinc.	Collodion photographique.
Alcool rectifié.	Coton pour collodion.
Bromure d'ammonium.	Dextrine blanche.
» de cadmium.	Deuto-chlorure de mercure.
» de potassium.	Éther sulfurique rectifié.

Éthéro-benzine.

Fluorure de potassium.

» de zinc.

Hydrochlorate d'ammoniaque

Iodure d'ammonium.

» de cadmium.

Iodure de potassium.

Liqueur sensibilisatrice.

Noir animal.

Protosulfate de fer pur.

Vernis photographique.

Parmi ces produits employés en photographie, il s'en trouve plusieurs qui ont reçu des applications non moins importantes.

Acide acétique cristallisable. — Il est aussi employé en médecine et en parfumerie. — Préparé l'hiver et obtenu cristallisé, nous pouvons le garantir cristallisable.

Acide gallique. — Récemment, il vient d'être l'objet d'une application intéressante en impression sur étoffes, et le bas prix auquel on peut le vendre contribuera à en généraliser l'emploi.

Azotate d'argent. — Les emplois en sont nombreux, en photographie, soit à l'état cristallisé, soit à l'état d'azotate fondu blanc; en médecine cristallisé ou fondu noir; en argenture sur métaux, en argenture sur verre, en chimie, en parfumerie même.

Bromures en général — Leur importance photographique est grande, puisqu'ils entrent dans la préparation de collodion, un des agents qui intéressent le plus les photographes.

Chloroforme. — Grand emploi médical.

Cyanure de potassium. — Il est l'objet d'un grand commerce, car la dorure et l'argenture en consomment de fortes quantités. Pour cet emploi, il se vend soit fondu en plaques, soit cristallisé, sous ce dernier état, il est pur et doit être préféré pour les opérations délicates.

Coton pour collodion. — Il est préparé pour la photographie, il est moins fulminant que le coton-poudre, mais par contre, il est plus soluble dans un mélange d'éther et d'alcool.

Collodions, iodures, liqueurs sensibilisatrices. — Les formules varient à l'infini ; chaque opérateur a la sienne ; pensant qu'il importe surtout de donner des collodions photographiques iodurés ou des liqueurs toujours identiques, nous préférons les collodions renfermant des iodures et des bromures bien stables et bien fixes tels que les iodures et les bromures et cadmium.

En terminant, nous rapellerons que nous fabriquons également :

Les produits chimiques employés en médecine.
Les produits pharmaceutiques.
Les produits chimiques employés en cristallerie.
Les produits chimiques pour la pyrotechnie.
Les produits pour réactifs, etc.

En un mot tous les produits chimiques présentent quelque intérêt au point de vue médical, industriel ou scientifique.

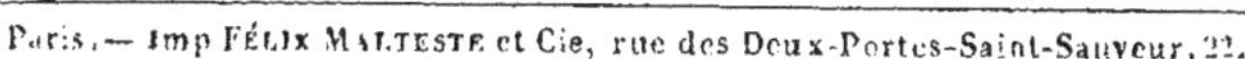

EXPOSITION UNIVERSELLE DE PARIS 1867

44ᵉ CLASSE

NOTICE

SUR LES

PRODUITS CHIMIQUES

EXPOSÉS PAR

JOHN CASTHELAZ

PHARMACIEN, FABRICANT DE PRODUITS CHIMIQUES

19, RUE SAINTE-CROIX-DE-LA-BRETONNERIE

A PARIS

FABRIQUE D'AUBERVILLIERS ET DE BELBEUF

PARIS

IMPRIMERIE DE A. WITTERSHEIM

RUE MONTMORENCY, 8

1867

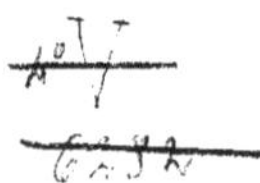

RÉCOMPENSES OBTENUES

PAR

MESSIEURS F. LAURENT ET CASTHELAZ

JOHN CASTHELAZ, Successeur

1855.	Exposition Universelle de Paris.	Mention Honorable.
1855.	Exposition d'Amsterdam.	Médaille de Bronze.
1856.	Exposition de Bruxelles.	Mention Honorable.
1859.	Exposition de Bordeaux.	Médaille de Bronze.
1860.	Exposition de Besançon.	Médaille d'Argent.
1861.	Exposition de Metz.	Médaille d'Argent.
1862.	Exposition Universelle de Londres.	Médaille d'Honneur.
1864.	Exposition de Bayonne,	Médaille d'Or.

RÉCOMPENSES OBTENUES

PAR

JOHN CASTHELAZ

1865.	Exposition de Bordeaux.	Médaille d'Or.

ET DIPLOME D'HONNEUR

PRODUITS CHIMIQUES

DE

JOHN CASTHELAZ

A MESSIEURS LES MEMBRES DU JURY INTERNATIONAL

Les produits chimiques que j'ai l'honneur de soumettre à votre appréciation appartiennent à quatre industries bien distinctes, exploitées dans mes usines d'Aubervilliers, près Paris, et de la Poterie de Belbeuf, près Rouen :

1° L'industrie des Dérivés des Essences de Houille, basée sur une consommation journalière de 1,000 à 1,200 kilogrammes de Benzol ;

2° Les Matières Colorantes dérivées de l'Aniline, de l'Acide Phénique et de la Naphtaline ;

3° L'industrie de l'Acide Nitrique et des Nitrates divers, basée sur une fabrication quotidienne de 1,500 à 1,600 kilos Nitrate de soude à Paris, de 500 à 600 kilos Nitrate de Soude à Rouen ;

4° L'industrie des Produits Chimiques pour les Arts, la Photographie, la Médecine, etc.

Ces quatre spécialités figurent dans la 44ᵉ classe ; elles sont présentées par des Exposants qui n'exploitent que l'une ou l'autre ; elles constituent donc bien des industries distinctes. Elles ont été groupées, réunies dans ma seule main, et c'est à leur diversité même qu'il faut attribuer l'importance de l'ensemble de ma fabrication.

Je prendrai la liberté d'appeler votre attention d'une manière toute spéciale sur les produits suivants de mon Exposition, qui, par leur nouvauté, offrent un double intérêt scientifique et industriel :

1° ACIDE PHTALIQUE et son dérivé l'ACIDE BENZOÏQUE ;

2° CHLORURE DE CHLOROXYNAPHTYLE, son dérivé l'ACIDE CHLOROXYNAPHTALIQUE et ses sels préparés par les procédés de MM. Depouilly ;

3° GRIS D'ANILINE, produit breveté, obtenu par la réaction de l'Aldéhyde sur le violet d'Aniline au Bichromate ;

4° ISOPURPURATE ou GRENAT SOLUBLE, obtenus dans des conditions spéciales de bon marché, destinés à remplacer l'orseille.

Mon Exposition devait représenter d'une manière plus exacte encore mes quatre industries, mais l'espace m'a manqué. J'ai dû au dernier moment modifier mes dispositions, supprimer un appareil à lessivage continu au moyen des liquides volatils et renoncer à vous soumettre des séries de produits aussi complètes que je l'aurais désiré.

J'espère, Messieurs, que vous voudrez bien prendre en considération les observations que j'ai l'honneur de vous présenter, et je serai heureux de mériter vos suffrages.

Agréez, Messieurs, l'assurance de mon entière considération,

John CASTHELAZ,
Pharmacien de l'Ecole de Paris.

Paris, le 15 Avril 1867.

PREMIÈRE SÉRIE

INDUSTRIE DES DÉRIVÉS DES ESSENCES DE HOUILLE

BENZINE

NITRO-BENZINE, ANILINE

DE

JOHN CASTHELAZ

PRODUITS DE L'USINE D'AUBERVILLIERS

La distillation des Essences de Houille Légères et leur traitement approprié constituent la fabrication de la Benzine, de la Nitro-Benzine et de leurs dérivés. Cette industrie dont je m'occupe spécialement comprend les opérations suivantes :

1° La distillation des Essences de Houille Légères et leur traitement pour en extraire les Benzols, les Benzines, les Essences Minérales propres à la peinture, les Acides Phéniques, etc. ;

2° La fabrication de l'Acide Azotique Monohydraté et des Acides Azotiques à 36° et 40°;

3° La fabrication de la Nitro-Benzine pour Aniline;

4° La fabrication de la Nitro-Benzine pour Parfumerie ;

5° La transformation de la Nitro-Benzine en Aniline ;

6° L'utilisation des résidus de ces diverses fabrications.

Pour juger de l'importance de mon industrie, il suffira de savoir que la consommation de ma seule usine d'Aubervilliers varie par jour:

De 1,000 à 1,200 kilogrammes   Benzol ;

De 1,500 à 1,600   —   Nitrate de Soude.

La fabrication de l'Acide Nitrique, de la Nitro-Benzine et celle de l'Aniline sont proportionnelles à ces quantités de matières premières.

J'ajouterai que je suis à la fois consommateur et vendeur des produits que je fabrique : consommateur de benzol, d'acide nitrique, de nitro-benzine et d'aniline, pour ma propre industrie ; vendeur de ces mêmes produits soit aux fabricants d'aniline, soit aux fabricants de matières colorantes, soit enfin à d'autres consommateurs, les teinturiers et les imprimeurs sur étoffes, etc.

PRODUITS EXPOSÉS

DÉRIVÉS DE L'ESSENCE DE HOUILLE.	Benzol Cristallisable. Toluol. Cumol. Éthéro-Benzine, Benzine. Acide Phénique ou Phénol.
AGENTS TRANSFORMATEURS	Ac. Nitrique Monohydraté. Ac. Nitrique 36° et 40°.
DÉRIVÉS NITROGÈNES DU BENZOL . .	Nitro-Benzine pour Aniline. Nitro-Benzine pour Parfumerie.
DÉRIVÉS DE LA NITRO-BENZINE. . .	Aniline Pure. Aniline et Toluidine.
UTILISATION DES RÉSIDUS	Bisulfate de Soude. Sulfate de Soude. Sulfate de Fer. Perchlorure de Fer. Nitrate de Fer.

DÉRIVÉS DE L'ESSENCE DE HOUILLE

L'Essence de Houille, convenablement traitée par l'acide sulfurique et la soude et soumise à la distillation, fournit le Benzol, le Toluol et les Benzines de diverses qualités, etc., etc.

Benzol. — Au point de vue commercial, on désigne ainsi une benzine propre à la fabrication de la nitro-benzine, c'est-à-dire débarrassée autant que possible de naphtaline, d'acide phénique, des produits distillant à haute température que contient l'essence de houille.

Les différentes qualités de benzols varient suivant les proportions qu'ils contiennent en benzine distillant de 85 à 100° centigrades. Les qualités commerciales les plus courantes sont :

  Les benzols contenant 90 p. 100 à 100° centigrades ;
  Les benzols avec Toluol 50 p. 100 à d° et 90 à 120°
  Les benzols avec Toluol 30 p. 100 à d° et 30 à 120°
  Les benzols avec Toluol 20 p. 100 à d° et 90 à 120°

Les titres plus bas rentrent dans la catégorie des essences de houille et des benzines ordinaires.

A ces divers benzols correspondent des qualités d'aniline qui, suivant leur richesse en toluidine, conviennent à la fabrication du bleu, du rouge, ou du violet d'aniline.

Toluol. — On désigne commercialement sous ce nom une essence contenant une assez forte proportion de produit distillant de 100° à 120° centigrades ; la qualité la plus courante en renferme de 75 à 80 pour 100. Ce produit est employé pour faire un homologue de la nitro-benzine, le nitro-toluol qui par sa réduction donne la Toluidine.

Ethéro-Benzine. — J'en ai fait l'objet d'une spécialité ; cette sorte de benzine préparée avec des soins tout particuliers se distingue par son odeur agréable et sa prompte évaporation, elle est destinée exclusivement au détachage.

— 8 —

Benzine du Commerce. — C'est un produit d'une composition assez variable, contenant peu de benzine réelle, du toluol, du cumol et d'autres essences de houille légères.

La benzine du commerce s'emploie pour le détachage, pour la dissolution du caoutchouc et des matières résineuses, pour le nettoyage des pierres lithographiques et des caractères d'imprimerie, pour l'éclairage. Elle entre dans la fabrication de certains vernis. Elle forme la base des essences minérales proposées par MM. F. Laurent et Casthelaz pour remplacer la térébenthine dans la peinture et dans les industries des toiles cirées et des cuirs vernis, etc., etc.

Ces nombreuses applications expliquent la grande consommation qui s'en fait actuellement, et ma vente annuelle de cent cinquante à deux cent mille kilos Benzines de diverses qualités.

Acide phénique. — Ce produit, extrait des phénates provenant du traitement des huiles de houille, est depuis quelques années l'objet d'une grande consommation pour la fabrication de l'acide picrique et d'autres matières colorantes. Il a été recommandé comme désinfectant, antiputride et antiseptique; il est employé pour la destruction des insectes; il est ordonné enfin comme médicament.

L'acide phénique se vend sous trois états :

Acide Phénique Cristallisé, Fr. 2 50 à 5 » le kilo.
Acide Phénique Liquide,   » 1 50 à 2 50   —
Acide Phénique Brut,   » 1 » à 1 50   —

L'acide phénique cristallisé seul est s'emploiyé en médecine et je ne l'ai exposé que sous cet état.

AGENTS TRANSFORMATEURS

Pour transformer le benzol en nitro-benzine, l'on emploie l'acide nitrique monohydraté ou ce même acide à un degré plus faible.

Cet agent se prépare dans mes usines d'Aubervilliers et de Rouen ; il en sera, du reste, parlé plus loin.

DÉRIVÉS NITROGÈNES DU BENZOL

NITRO-BENZINES.

NITRO-BENZINE POUR ANILINE. — Ce produit est un des plus importants de ma fabrication ; j'en prépare par jour 1,200 à 1,400 kilos, qui sont en grande partie transformés en aniline au fur et à mesure de leur production.

En raison de procédés particuliers, j'évite dans la transformation du benzol en nitro-benzine la déperdition des gaz nitreux, ce qui constitue une économie dans le prix de revient, et surtout une grande amélioration dans le travail des ouvriers.

Cette nitro-benzine est quelquefois employée pour masquer l'odeur de vieilles graisses, et dans la fabrication de savons communs.

NITRO-BENZINE POUR PARFUMERIE. — La nitro-benzine, obtenue avec des benzols distillant au-dessous de 100° et convenablement rectifiée, donne une nitro-benzine désignée sous le nom d'ESSENCE DE MIRBANE, et qui s'emploie en parfumerie pour communiquer aux savons blancs une odeur agréable d'amandes amères.

L'essence de mirbane ne doit ni altérer le savon, ni le colorer ; on s'assure de sa bonne qualité en la mélangeant avec un volume égal de soude caustique à 40°, si les deux liquides se séparent en conservant leur couleur primitive, l'essence de mirbane est propre à l'usage de la parfumerie.

DÉRIVÉS DE LA NITRO-BENZINE

ANILINE.

De tous les produits de ma fabrication d'Aubervilliers, l'aniline est sans contredit le plus important ; j'en rectifie chaque jour de six à huit cents kilogrammes, qui vont alimenter ma fabrication de violet d'aniline, et ma clientèle française ou étrangère.

La nature des anilines diffère suivant les benzols qui les ont produites. Elle doit être modifiée suivant les emplois auxquels les anilines sont destinées : les unes en effet servant à la préparation du Bleu ou du Rouges d'autres enfin pour le Violet au bichromate de potasse. leur richesse en Toluidine doit varier en conséquence.

En raison du bon choix de mes benzols, en raison des mélanges appropriés de benzol et de toluol que j'emploie, des soins que j'apporte dans leur transformation, j'obtiens des anilines de qualité supérieure et qui sont généralement préférées aux anilines d'origine anglaise ou d'autre provenance; mes anilines donnent des rendements plus forts en matières colorantes et des nuances plus riches ; c'est du moins ce que m'ont assuré quelques consommateurs.

Sous l'influence de l'air et de la lumière, l'aniline se colore; de blanche qu'elle était lors de sa distillation elle passe au jaune ambré et devient ensuite rougeâtre ; aussi le produit exposé n'a-t-il pas dû conserver sa blancheur primitive.

UTILISATION DES RÉSIDUS

BISULFATE DE SOUDE. — C'est le résidu de ma fabrication d'acide nitrique ; il se vend soit aux fabricants de soude, soit à la verrerie.

SULFATE DE SOUDE. — Les bas prix actuels des bisulfates de soude m'ont engagé à en transformer une partie en sulfate de soude cristallisé.

SULFATE DE FER, PERCHLORURE DE FER, NITRATE DE FER. — La distillation de l'aniline donne pour résidus des quantités considérables d'oxyde de fer qui me servent pour la préparation des sulfates et d'autres sels employés dans l'industrie, le perchlorure et le nitrate de fer. Ces derniers sels n'offrant pas d'autre intérêt que d'avoir été obtenus au moyen de résidus sans valeur, je n'ai pas cru devoir les exposer.

Là se bornent les observations que j'avais à présenter sur les produits de ma fabrication dérivés des Essences de Houille.

J'espère que les détails dans lesquels je suis entré auront démontré à Messieurs les Membres du Jury toute l'importance de mon industrie.

INDUSTRIE DES MATIÈRES COLORANTES

MATIÈRES COLORANTES

OBTENUES

DE L'ANILINE, DE L'ACIDE PHÉNIQUE ET DE LA NAPHTALINE

DE

JOHN CASTHELAZ

PRODUITS DE L'USINE DE BELBEUF

Les matières colorantes obtenues de l'Aniline sont pour la plupart brevetées en France, et font ainsi l'objet d'expositions spéciales.

Je n'ai pu présenter que celles appartenant au domaine public ou brevetées par moi :

Le Violet d'Aniline au Bichromate,

Le Gris d'Aniline Breveté.

J'ai joint les dérivés de l'Acide Phénique et de la Naphtaline de ma fabrication :

Les Acides Picriques,

Le Grenat Soluble (Isopurpurates),

L'Acide Chloroxynaphtalique,

L'Acide Benzoïque (procédés Depouilly).

C'est, sans contredit, la partie la plus intéressante de mon Exposition et je prends la liberté de la recommander d'une manière toute

speciale à l'attention de Messieurs les Membres du Jury International
en raison des nouveautés qu'elle renferme, au double point de vue de
la science et de l'industrie.

PRODUITS EXPOSÉS

Dérivés de l'Aniline	Violet d'Aniline au Bichromate. Gris d'Aniline.
Utilisation des Résidus	Oxyde de Chrome. Alun de Chrome. Sesquichlorure de Chrome.
Dérivés de l'Acide Phénique	Acide Picrique Fondu, Pulv. Pur. Acide Picrique Cristallisé.
Dérivés de l'Acide Picrique	Picrate de Baryte, de Magnésie. Picrate de Fer. Picrate de Plomb. Picrate de Mercure. Isopurpurates, Grenat Soluble.

Dérivés de la Naphtaline (Procédés Depouilly)	Naphtaline.	$C^{20} H^{8}$
	Bichlorure de Naphtaline brut	
	Bichlorure de Naphtaline.	$C^{20} H^{8} Cl^{4}$
	Bichlor. de Chloro-Naphtaline.	$C^{20} H^{7} Cl \quad Cl^{4}$
Dérivés des Chlorures de Naphtaline	Acide Phtalique.	$C^{16} H^{6} O^{8}$
	Huile de Marignac.	$C^{2} Cl^{2} (NO^{4})^{2}$
	Chlor. de Chloroxynaphtyle.	$C^{20} H^{4} Cl^{2} O^{4}$
Dérivés du Chlorure de Chloroxynaphtyle	Acide Chloroxynaphtalique ord.	
	Aci. Chloroxynaphtalique pur	$C^{20} H^{8} \quad Cl O^{6}$
	Chloroxynaphtal. de Baryte.	$C^{20} H^{4} Ba Cl O^{6}$
	Chloroxynaphtal. de Fer.	$C^{20} H^{4} Fe Cl O^{6}$
	Chloroxynaphtal. de Zinc.	$C^{20} H^{4} Zn Cl O^{6}$
	Chloroxynaphtal. de Nickel.	$C^{20} H^{4} Ni Cl O^{6}$
	Chloroxynaphtal. de Cuivre.	$C^{20} H^{4} Cu Cl O^{6}$

<table>
<tr><td rowspan="8">Dérivés de l'Acide Phtalique</td><td>Phtalate de Chaux.</td><td>$C^{16} H^4 Ca^2 O^8$</td></tr>
<tr><td>Benzoate de Chaux.</td><td>$C^{14} H^5 Ca\ O^4$</td></tr>
<tr><td>Acide Benzoique Précipité.</td><td>$C^{14} H^6 O^4$</td></tr>
<tr><td>Phtalate acide d'Ammoniaque.</td><td>$C^{16} H^5 (NH^4) O^8$</td></tr>
<tr><td>Phtalimide.</td><td>$C^{16} H^6 NO^4$</td></tr>
<tr><td>Benzonitrile(Cyanure de Phé-
nyle).</td><td>$C^{14} H^5 N^8$</td></tr>
<tr><td>Acide Benzoïque Sublimé.</td><td>$C^{14} H^6 O^4$</td></tr>
</table>

DÉRIVÉS DE L'ANILINE

VIOLET D'ANILINE AU BICHROMATE DE POTASSE.

Le Violet au bichromate fut la première couleur d'aniline découverte. Les procédés de fabrication se sont bien améliorés depuis cette époque ; l'emploi de la benzine et de l'alcool a été abandonné, mais ce n'en est pas moins encore une des couleurs les plus difficiles à préparer économiquement. L'action oxydante de l'acide chromique sur l'aniline est si énergique qu'il est difficile de la maitriser ; les moindres différences dans la qualité des anilines employées, dans la quantiié des réactifs mis en présence, dans les températures auxquelles s'opèrent les réactions, suffisent pour les modifier et diminuer les rendements en matières colorantes.

Le grand avantage du violet d'aniline au bichromate de potasse réside dans sa fixité, aussi s'emploie-t-il encore dans la teinture et l'impression sur étoffes, malgré la concurrence que sont venus lui faire les violets dérivés du rouge d'aniline, d'un prix inférieur, mais d'une stabilité moindre également.

Le violet d'aniline de ma fabrication se vend sous quatre états :

1° Violet d'Aniline Sec.	Fr. 120 à 130 le k°.			
2° Carmin Extra pour Impression,	»	24 à	25	»
3° Carmin n° 1 pour Teinture,	»	17 à	18	»
4° Violet Aniline Liquide, le Litre,	»	4 à	5	»

Les carmins sont les qualités les plus courantes et le plus généralement employées.

GRIS PERLE D'ANILINE.

Le Gris Perle d'Aniline est le produit de la réaction de l'aldéhyde sur le violet au bichromate de potasse ; comme il est l'objet d'un brevet, je ne puis mieux faire que d'en reproduire le texte :

DESCRIPTION. — En traitant une solution d'un sel d'aniline (sulfate d'aniline, par exemple) par un agent oxydant (le chromate de potasse ou autre agent remplissant le même but), on obtient une matière colorante connue sous le nom de violet d'aniline (Mauvéine) (brevet anglais de Perkins et autres ; en France, domaine public). En traitant le violet d'aniline commercial en pâte ou sec par un acide minéral concentré, la matière colorante se dissout. Si à cette solution on ajoute une quantité suffisante d'une aldéhyde et qu'on laisse la réaction se faire pendant quelque temps, le violet se trouve transformé en une matière colorante grise. On arrête alors l'action et l'on sépare le colorant des agents employés, afin qu'il conserve la nuance obtenue.

Les proportions dépendent de la nuance que l'on veut obtenir et du temps pendant lequel on veut laisser l'action se produire. Comme exemple, pour transformer en gris d'aniline 10 kilos de violet en pâte de commerce, il faut le dissoudre dans 11 kil. d'acide sulfurique 66°, y ajouter 6 kil. d'aldéhyde commerciale 75°, abandonner le mélange à lui-même pendant quatre à cinq heures et arrêter alors l'action. On jette le mélange dans l'eau et on précipite la matière colorante par un alcali ou par un sel, puis on lave le précipité à l'eau.

Il est bien entendu qu'au lieu d'acide sulfurique on peut employer tout autre acide énergique et même étendre la solution d'eau, et qu'au lieu d'aldéhyde commerciale on peut employer toute autre aldéhyde ou corps capables de produire une réaction semblable, la lactéine, par exemple.

Cette matière colorante grise peut être employée pour la teinture et l'impression de toute espèce de tissus de laine, de soie ou de coton, du papier, de la plume, des cuirs, etc.

En teinture, elle prend sur tous tissus de laine, de soie, de coton (sans mordant ni préparation). Il faut teindre de préférence dans un bain légèrement acide. Les acides minéraux (l'acide sulfurique, par exemple) donnent une teinte plus rouge. Les acides organiques (l'acide acétique, par exemple) donnent une teinte plus bleue.

En impression, le gris s'emploie sur laine, sur soie et sur coton à l'albumine par fixage à la vapeur. Le gris d'aniline s'emploie aussi sur coton, simplement épaissi à la gomme ou à l'amidon; il prend également avec ou sans fixage, mais baisse alors de hauteur au lavage.

Ce que j'entends breveter, c'est la fabrication et l'emploi du gris d'aniline, nouvelle matière colorante grise obtenue par l'action de l'aldéhyde ou des corps homologues sur le violet d'aniline ou sur la solution acide du violet d'aniline commercial obtenu par voie humide.

Le Gris-Perle d'Aniline se recommande donc par sa nuance, son bas prix et la facilité avec laquelle il s'applique sur toutes espèces de tissus, soie, laine, chaine coton et coton.

La solidité du gris d'aniline peut être comparée à celle du violet au chromate.

Le gris d'aniline se présente sous forme de carmin. Il est soluble dans l'alcool, l'acide acétique et dans l'eau ; il se dissout mieux encore dans cette dernière quand elle est rendue légèrement acide.

Les modes d'application du gris d'aniline sont si faciles qu'ils le font préférer aux autres gris et en rendront l'emploi général.

UTILISATION DES RÉSIDUS

Les résidus obtenus dans la fabrication du violet d'aniline au bichromate de potasse consistent en une poudre noirâtre, contenant des matières organiques, des produits à base de chrome et des sels de chaux, d'alumine et de magnésie provenant des eaux de lavage ou de précipitation. Ces résidus une fois desséchés, si l'on y met le feu, brûlent comme de l'amadou et se transforment en oxyde de chrome gris verdâtre qu'il faut purifier des sels étrangers qu'il renferme, pour en faire un produit commercial.

ALUN DE CHROME. — L'oxyde de chrome ci-dessus, convenablement traité, donne un alun de chrome très-pur; j'en ai fait l'objet d'une fabrication courante. D'autres quantités d'alun de chrome proviennent des résidus de la préparation de l'aldéhyde servant au gris d'aniline. L'alun de chrome a reçu, depuis quelque temps, des applications en teinture et en impression sur étoffes, et le bas prix auquel je puis le livrer actuellement ne peut qu'en accroître la consommation.

Sesquichlorure de chrome. — En raison de ces mêmes résidus d'oxyde de chrome, je pourrais établir le sesquichlorure de chrome à un prix assez bas. Il me semble que dans de telles conditions un produit contenant 66 pour 100 de chlore peut recevoir des applications et doit être signalé à l'attention des chimistes et des industriels.

DÉRIVÉS DE L'ACIDE PHÉNIQUE

ACIDE PICRIQUE.

Le plus important des dérivés de l'acide phénique est l'acide trinito phénique ou picrique. Il est exposé dans un grand nombre de vitrines à l'état de cristaux et de pâtes. — En raison d'un procédé particulier qui me permet d'obtenir d'emblée un produit fondu, pur et susceptible d'être réduit en poudre, j'ai renoncé aux pâtes et je fabrique seulement :

L'Acide Picrique Cristallisé Pur,
L'Acide Picrique Fondu Pulvérisé Pur.

Par une réaction lente, les vapeurs nitreuses qui rendaient cette fabrication si pénible pour les ouvriers sont évités; l'acide phénique mieux utilisé et transformé donne des rendements supérieurs et l'acide picrique est beaucoup plus pur.

La bonne qualité de mon acide picrique pulvérisé est maintenant reconnue; il est de beancoup préférable aux pâtes et ne lutte plus qu'avec le cristallisé qu'il remplace avec avantage et économie, puisque son prix est moitié moindre.

J'ai exposé un petit appareil, le Picricomètre, que j'ai recommandé, il y a quelque temps, aux industriels pour reconnaître facilement la pureté de l'acide picrique. Il est basé sur la solubilité de cet acide dans l'éther et la benzine, tandis que les impuretés que l'on rencontre parfois dans les pâtes consistant en sulfate, alun, acide oxalique, etc., sont insolubles dans ces deux dissolvants. Plus loin, page 37, se trouve la note que j'ai publiée sur les divers modes d'essai des acides picriques du commerce.

Picrates. — Les picrates n'ont pas reçu d'application malgré leurs propriétés intéressantes. En médecine, les picrates de potasse, de fer, de quinine, sont seuls employés par de rares praticiens, plutôt étrangers que français.

Le picrate de baryte soluble est un réactif précieux pour reconnaître les sulfates dans les essais des acides picriques. J'en ai recommandé l'emploi pour analyser les résidus insolubles dans l'éther ou la benzine après essai au picricomètre.

GRENAT SOLUBLE, ISOPURPURATES

Les Isopurpurates résultent de l'action des cyanures sur l'acide picrique ; leur prix élevé s'opposait seul à leur application.

Dès que j'ai pu remplacer l'acide picrique cristallisé dans la préparation des isopurpurates par l'acide picrique pulvérulent pur, l'économie qui en est résultée m'a permis d'établir le prix de 22 à 24 francs le kilo pour les isopurpurates cristallisés. En raison de leur inflammabilité, j'ai pensé préférable de les livrer en carmin contenant 50 pour 100 d'eau, et j'en ai fixé le prix de vente de 11 à 12 francs le kilog.

Les isopurpurates que j'ai appelés GRENAT SOLUBLE, sont destinés à remplacer l'orseille dans un grand nombre de ses applications.

En teinture sur laine et sur soie, les isopurpurates donnent toutes les nuances de grenat et de marron ; on peut les combiner avec les autres colorants connus, et obtenir ainsi un grand nombre de nuances composées. Les couleurs que donne le grenat soluble ont un velouté et un reflet remarquables.

Pour teindre la laine avec le Grenat Soluble, il faut le dissoudre dans l'eau chaude, et verser la solution dans le bain de teinture. Il est important que ce bain soit franchement acide, que cette acidité ne soit pas due à des acides minéraux, mais provienne de tartre ou d'acides organiques, comme l'acide tartrique et l'acide acétique qui font très-bien tirer le colorant. Pour teindre la soie, le bain doit être froid ou tiède.

Le Grenat Soluble convient aussi très-bien pour la teinture des peaux, des plumes et de toutes les matières d'origine animale.

L'emploi du Grenat Soluble offrait des difficultés que MM. Chalame Frères, teinturiers à Puteaux, ont heureusement vaincues. Je dois à leur obligeance les échantillons teints en pièce, que je soumets à l'appréciation de Messieurs les Membres du Jury ; ils pourront mieux apprécier l'importance de cette nouvelle matière colorante et le parti qu'on en doit tirer.

MM. Chalamel Frères n'ont employé que du Grenat Soluble dans la teinture des échantillons présentés, les proportions du colorant et les mordants appropriés ont seuls varié suivant les nuances qu'ils ont voulu atteindre.

Les couleurs ainsi obtenues étant beaucoup plus solides que celles que donne l'Orseille, le Grenat Soluble lui est préférable et doit la remplacer dans un grand nombre d'applications.

ÉCHANTILLONS DE GRENAT SOLUBLE

ISOPURPURATES

TEINTS PAR MM. CHALAMEL FRÈRES

DÉRIVÉS DE LA NAPHTALINE

Les dérivés de la naphtaline que j'ai exposés ont été obtenus par les procédés de MM. Paul et Ernest Depouilly, consignés dans les communications qu'ils ont faites à l'Académie des sciences, dans les séances du 27 Février et du 10 Juillet 1865. En raison de leur intérêt scientifique, leurs notes sont reproduites plus loin, f° 33. Je ne parlerai actuellement des dérivés de la naphtaline qu'au point de vue industriel.

NAPHTALINE $C^{20} H^8$. — La naphtaline, destinée à être transformée en chlorures, doit être débarrassée autant que possible des huiles phéniquées et des huiles lourdes qu'elle contient et purifiée par une ou deux sublimations. Le prix actuel de la naphtaline brute est si bas que ces opérations et les pertes qui en résultent n'augmentent pas considérablement le prix de revient de la naphtaline purifiée et sublimée.

CHLORURES DE NAPHTALINE. — La préparation des chlorures de naphtaline au moyen du chlore gazeux présente des difficultés telles que l'on n'obtient ainsi que des quantités insignifiantes de chlorures de naphtaline. En remplaçant ce mode de chlorage par la réaction des chlorates alcalins et de l'acide chlorhydrique sur la naphtaline, MM. Depouilly sont parvenus à fixer des quantités considérables de chlore, et ont obtenu ainsi beauconp de bichlorure de naphtaline et de chloronaphtaline.

Dans l'application industrielle de ces procédés de chlorage, de nombreuses difficultés se sont présentées. Elles étaient dues à la réaction si vive de l'acide chlorhydrique sur les chlorates. Elles ont été vaincues en substituant le chlorate de chaux au chlorate de potasse et l'on a réalisé en même temps une notable économie.

Le chlorure de naphtaline brut exposé contient les produits suivants :

Le Protochlorure de Naphtaline $\quad C^{20} H^8 Cl^2$.
Le Bichlorure de Naphtaline $\quad C^{20} H^8 Cl^4$.
Le Bichlorure de Chloronaphtaline $\quad C^{20} H^7 Cl, Cl^4$.

Ce sont ces deux derniers composés chlorés qui seuls intéressent pour la fabrication de l'acide phtalique et de l'acide chloroxynaphtalique.

DÉRIVÉS DES CHLORURES DE NAPHATALINE

ACIDE PHTALIQUE.

L'oxydation du bichlorure de naphtaline par l'acide nitrique donne les produits suivants :

$$\text{L'Acide Phtalique} \qquad C^{16} H^{6} O^{8}.$$
$$\text{L'Huile de Marignac} \qquad C^{2} Cl^{2} (NO^{4})^{2}.$$

$$C^{20}H^{8}Cl^{4} + 12NO^{5} = C^{16}H^{6}O^{8} + C^{2}Cl^{2}(NO^{4})^{2} + 2CO^{2} + 2HCl + 10NO^{4}.$$

En pratique, la quantité d'acide nitrique à employer est beaucoup moindre, car l'acide azotique ne se dédouble pas seulement en oxygène et en acide hypoazotique, comme la formule ci-dessus l'indique, mais aussi en bioxyde d'azote avec fixation alors de trois équivalents d'oxygène. — La réaction est longue, mais cette durée même facilite la condensation de l'acide entraîné, et la reconstitution en acide nitrique des composés nitrés qui se dégagent. Pendant cette opération, distille le composé chloré de Marignac, produit intéressant au point de vue scientifique, mais qui ne recevra que bien difficilement des applications en raison de son action spéciale sur les yeux et de son odeur pénétrante.

Chlorure de chloroxynaphtyle. — L'oxydation du bichlorure de chloronaphtaline produit le chlorure de chloroxynaphtyle $C^{20}H^{4}Cl^{2}O^{4}$.

$$C^{20}H^{7}Cl, Cl^{4} + 4NO^{5} = C^{20}H^{4}Cl^{2}O^{4} + 3HCl + 4NO^{4}.$$

Les oxydations des deux chlorures s'opérant ensemble, le produit brut qui sort des ballons contient l'acide phtalique et le chlorure de chloroxynaphtyle ; le premier est séparé par l'eau bouillante et la cristallisation, le second reste dans les résidus insolubles.

ACIDE CHLOROXYNAPHTALIQUE

Les alcalis en réagissant sur le chlorure de chloroxynaphtyle le transforment en acide chloroxynaphtalique.

$$C^{20}H^{4}Cl^{2}O^{4} + 2NaO = C^{20}H^{4}NaClO^{6} + NaCl.$$

L'acide chloroxynaphtalique avait été signalé par Laurent dans son beau travail sur la naphtaline. La Société industrielle de Mulhouse, frappée des propriétés décrites par Laurent, avait proposé un prix important pour la préparation de l'acide chloroxynaphtalique. Plusieurs chimistes firent de vaines recherches pour y arriver, et l'on mit même en doute l'existence de cet acide. Après être resté au concours, pendant huit années sans être décerné, le prix fut retiré il y a trois ans environ.

Messieurs Depouilly, plus heureux, trouvèrent le chlorure de chloroxynaphtyle en petite quantité d'abord dans les résidus de fabrication de l'acide phtalique ; et plus tard, en modifiant les chlorages et la durée de l'oxydation, nous sommes arrivés à le produire d'une manière plus régulière.

La transformation du chlorure de chloroxynaphtyle s'opère bien et les purifications de l'acide chloroxynaphtalique sont assez faciles.

Le prix actuel de l'acide chloroxynaphtalique (100 francs le kilo) est un des obstacles les plus sérieux à son application en grande teinture ; il n'a été employé jusqu'à ce jour que pour l'industrie des fleurs artificielles. Des essais pour colorer le savon en rose ont très-bien réussi.

Chloroxynaphtalates. — Les sels à base de chaux et de baryte cristallisés que j'ai exposés sont d'une très-belle nuance orangée. Les chloroxynaphtalates de cuivre, de zinc et de nickel sont d'un rouge foncé d'une grande beauté ; leur vif éclat explique le parti qu'on en a tiré pour produire quelques couleurs fines à base métallique.

ACIDE BENZOÏQUE

Au point de vue des applications industrielles qu'il a reçues, l'Acide Benzoïque est le produit le plus intéressant de la série. Les fabricants de couleurs d'aniline l'utilisant dans la préparation du bleu-lumière, il en est résulté une consommation régulière et importante.

Phtalate de chaux. — L'acide phtalique est transformé d'abord en phtalate d'ammoniaque, puis, par double décomposition avec le chlorure de calcium, en phtalate de chaux. Ce dernier sel lavé, pressé et séché, est introduit avec un équivalent de chaux éteinte dans un cylindre de fer et chauffé.

$$C^{16} H^4 Ca^2 O^8 + Ca O, HO = C^{14} H^5 Ca O^4 + 2 Ca O, CO^2.$$

L'acide phtalique se dédouble ainsi en acide benzoïque et en acide carbonique qui restent combinés avec la chaux.

La transformation du phtalate de chaux en benzoate a été très-difficile à réaliser en grand ; il a fallu s'entourer de grandes précautions pour ne pas dépasser la température nécessaire pour la réaction, et éviter la décomposition ultérieure du benzoate de chaux. La difficulté a été vaincue en opérant dans des cylindres de fer chauffés dans un bain de plomb, maintenu à une température de 350° environ et n'excédant pas 370°.

La masse grisâtre qui sort des cylindres est composée de phtalate non décomposé, de benzoate et de carbonate de chaux. L'eau bouillante dissout le benzoate, et laisse à l'état insoluble le phtalate et le carbonate de chaux. La solution de benzoate traitée par l'acide chlorhydrique laisse cristalliser l'acide benzoïque. Une sublimation suffit pour le purifier, mais il est inutile de faire subir cette opération à l'acide benzoïque destiné à la fabrication des couleurs d'aniline.

La pureté de l'acide benzoïque est telle que le produit sublimé a une odeur agréable, rappelant celle de l'acide benzoïque du benjoin.

BENZOATES. — Les benzoates à base de soude et d'ammoniaque sont peu employés en médecine ; ceux à base de potasse le sont moins encore.

Ces matières colorantes dérivées de l'aniline, de l'acide phénique et de la naphtaline, constituent une des branches les plus importantes de mon industrie. Cette partie de mon Exposition renferme, entre autres :

Le Gris d'Aniline,
L'Acide Benzoïque de la Naphtaline,
L'Acide Chloroxynaphtalique,
Les Isopurpurates, Grenat Soluble, remplaçant l'orseille.

Ces produits constituent les nouveautés industrielles que j'ai l'honneur de soumettre à l'appréciation de Messieurs les Membres du Jury.

INDUSTRIE DE L'ACIDE NITRIQUE

ACIDES NITRIQUES

ACIDE ARSÉNIQUE, NITRATES DIVERS

DE

JOHN CASTHELAZ

EXPOSITION DES USINES DE PARIS ET DE ROUEN.

L'acide nitrique a reçu de si nombreuses applications en industrie, que j'ai dû en monter la fabrication dans mes deux usines d'Aubervilliers près de Paris et de la Poterie de Belbeuf près de Rouen.

Les quantités d'acide nitrique que je consomme journellement pour préparer la nitro-benzine, l'acide picrique et les nitrates divers, étaient trop importantes pour que je pusse dépendre des fabricants spéciaux. D'un autre côté, comme j'ai besoin, pour ces réactions, d'acides de degrés différents, je puis tout utiliser au fur et à mesure de la production.

L'usine d'Aubervilliers, avec une batterie de 25 cylindres, consomme 1,500 à 1,600 kilog. de Nitrate de Soude par jour.

L'usine de la Poterie, avec une batterie de 10 cylindres, consomme 500 à 600 kilog. de Nitrate de Soude par jour.

L'espace m'a manqué et je n'ai pu exposer la série complète des produits industriels dérivés de l'acide nitrique que je fabrique ; je me suis borné à présenter les plus importants.

PRODUITS FABRIQUÉS

DÉRIVÉS DU NITRATE DE SOUDE	Acide Nitrique Monohydraté Acide Nitrique à 40° Acide Nitrique à 36° Acide Nitrique Pur Bisulfate de Soude Nitrate de Soude Raffiné
DÉRIVÉS DE L'ACIDE NITRIQUE	Acide Arsénique Liquide Acide Arsénique Desséché Nitrate d'Ammoniaque Nitrate de Baryte Nitrate de Strontiane Nitrate de Fer Persulfate de Fer Nitrate de Cuivre Nitrate de Plomb Nitrate (sous) de Bismuth Nitrate d'Argent
DÉRIVÉS DE L'ACIDE ARSÉNIQUE	Arséniate de Potasse Crist. Arseniate de Potasse Calciné. Arséniate de Soude
DÉRIVÉS ORGANIQUES DE L'ACIDE NITRIQUE	Nitro-Benzine Essence de Mirbane Acides Picriques Acide Phtalique Acide Chloroxynaphtalique

Il a été parlé de ces derniers produits dans les notes relatives aux deux industries précédentes.

ACIDES NITRIQUES

ACIDE NITRIQUE MONOHYDRATÉ.

La fabrication de la nitro-benzine consomme des quantités importantes d'Acide Nitrique monohydraté; elle en est la principale application. Les seules précautions à prendre dans la préparation de l'acide monohydraté consistent dans le choix du nitrate qui doit être exempt de chlorure autant que possible, et de l'acide sulfurique qui doit atteindre 66° couverts. L'acide nitrique monohydraté ainsi obtenu pèse 48° à 49° (¹).

ACIDES NITRIQUES 36° et 40°. — Ce sont les acides commerciaux qui servent, pour les différents emplois industriels, ou pour les nitrates divers; ma fabrication en est donc régulière et suivie.

ACIDES NITRIQUES PURS. — Ils sont d'une valeur de beaucoup supérieure, aux précédents et ne servent que pour le dérochage, pour le traitement des matières contenant de l'or ou comme réactifs.

ACIDE ARSÉNIQUE

L'ACIDE ARSÉNIQUE se prépare avec l'acide nitrique 36°; les précautions à prendre sont nombreuses pour éviter tout accident aux ouvriers. L'acide arsénique doit être bien pur, exempt d'acide nitrique et de composés nitreux, qui nuiraient à la transformation de l'aniline, et diminueraient le rendement en matières colorantes. L'acide arsénique est actuellement l'agent transformateur de l'aniline en rouge le plus employé; c'est par centaine de mille kilos ou plutôt par millions de kilogrammes qu'il se fabrique et se consomme en France, en Angleterre et en Allemagne. L'acide arsénique se vend à l'état sec ou le plus souvent à l'état de solution marquant 75° Baumé. Il a atteint des prix incroyables de bon marché, car pour des contrats importants nous vendons 30 francs les cent kilos.

(1) Il est bon de rappeler que cet acide peut enflammer facilement le foin, et comme son action sur la paille est beaucoup moins vive, il ne faut se servir que de paille pour l'emballage des acides nitriques monohydratés.

ARSÉNIATES

Je fabrique les Arséniates de Potasse et de Soude par calcination de l'Acide Arsénieux avec les Nitrates des bases correspondantes, et je les vends soit cristallisés, soit simplement calcinés.

En raison des bas prix actuels de l'Acide Arsénique, j'ai trouvé quelquefois plus économique de fabriquer les Arséniates cristallisés en saturant l'Acide Arsénique liquide par les Carbonates de Potasse ou de Soude.

NITRATES

Je les fabrique tous, à l'exception du nitrate de potasse et du nitrate de soude que je me borne à purifier.

NITRATE D'AMMONIAQUE. — En raison de ses emplois pour les mélanges réfrigérants et pour la préparation du protoxyde d'azote que l'on vient de préconiser comme anesthésique, ce produit se demande plus régulièrement.

NITRATES DE BARYTE ET DE STRONTIANE. — Toujours très-employés en pyrotechnie.

NITRATES DE FER, CUIVRE ET PLOMB. — Leurs applications en teinture et en impression sur étoffes leur assurent un débouché régulier.

Ces détails suffisent pour faire comprendre à Messieurs les Membres du Jury toute l'importance de cette branche de mon industrie.

QUATRIÈME SÉRIE

INDUSTRIE DES PRODUITS CHIMIQUES

PRODUITS CHIMIQUES

POUR

LES ARTS ET LA MÉDECINE

DE

JOHN CASTHELAZ

EXPOSITION DE L'USINE DE BELBEUF

L'usine d'Aubervilliers avait été montée, dans le principe, pour y préparer les produits chimiques et pharmaceutiques ; mais lorsque la benzine et ses dérivés y furent fabriqués en quantités importantes, il devint difficile d'y obtenir des produits qui ne prissent pas l'odeur de la nitro-benzine, ou qui ne fussent pas souillés par ces poussières noires de fer qui accompagnent la préparation de l'aniline. Dans de pareilles conditions, il était indispensable de transporter ailleurs la fabrication des produits chimiques pour les arts et la médecine.

La fabrique de la Poterie de Belbeuf, près Rouen, est dans des conditions très-avantageuses pour assurer une production à la fois importante et économique. Elle se compose de vastes bâtiments occupant un espace de 3,000 mètres couverts, d'ateliers aérés, isolés les uns des autres, et bien disposés pour recevoir mes diverses fabrications.

La main-d'œuvre y est à bon marché, et l'on y trouve aisément des ouvriers faits déjà aux manipulations chimiques.

La situation de l'usine, au bord de la Seine, facilite les moyens de transport. Elle assure une eau abondante et pure, point capital pour les produits obtenus par cristallisation , et surtout pour ceux préparés par précipitation qui nécessitent pour leur lavage de grandes quantités d'eau.

En raison enfin de sa proximité d'un grand centre manufacturier, cette usine trouve un facile débouché de ses produits à Rouen.

Les fabrications montées à Belbeuf sont très-diverses; autant que possible elles se font à la vapeur, les unes par barbottage, d'autres avec serpentin, les autres enfin dans des appareils à double fond ; il en résulte des économies notables de combustible et de grandes facilités dans les traitements.

Je citerai pour exemple la fabrication du kermès. Si l'on prépare le kermès à feu nu, il faut à la fois surveiller le feu, remuer constamment le sulfure d'antimoine, prendre soin qu'il ne se réunisse pas au fond de la chaudière pour éviter qu'un coup de feu ne la fasse casser, ajouter de l'eau au fur et à mesure de l'évaporation. L'ébullition terminée, il faut abattre le feu, attendre que les parois du fourneau soient assez refroidies pour qu'il ne se produise plus de mouvement dans le liquide, laisser déposer, syphoner et filtrer.

Si, au contraire, on fabrique le kermès à la vapeur, il suffit d'ouvrir et de régler un robinet d'introduction de vapeur : le liquide est bientôt à l'ébullition, le barbottage agite le sulfure d'antimoine, la vapeur qu'il amène remplace l'eau qui s'évapore, et, après deux ou trois heures d'ébullition, on se borne à fermer le robinet de vapeur. Le dépôt de sulfure d'antimoine s'opère bientôt et l'on tire les liqueurs chaudes au moyen d'un robinet placé à 15 ou 20 centimètres du fond de la chaudière et sous lequel se trouve un filtre.

L'on voit par là les avantages de la fabrication du kermès à la vapeur ; tandis que la préparation à feu nu demande une surveillance et des soins incessants, la fabrication à la vapeur, pour une ébullition plus régulière, ne demande qu'un robinet de vapeur à ouvrir et à fermer, et qu'un autre robinet à ouvrir pour la filtration.

PRODUITS EXPOSÉS

PRODUITS EMPLOYÉS EN MÉDECINE	Hypophosphite de Magnésie Iodure Plomb Cristallisé Iodate de Soude Iodoforme Kermès de Cluzel Sel de Seignette Emétique Cristallisé
PRODUITS EMPLOYÉS DANS LES ARTS ET LA MÉDECINE	Permanganate de Potasse Antimoine Diaphorétique Chloroforme Sesquichlorure de Carbone
PRODUITS EMPLOYÉS EN PHOTOGRAPHIE ET RÉACTIFS	Iodure de Cadmium Bromure de Cadmium Nitrate d'Urane Picrate de Baryte
PRODUITS EMPLOYÉS DANS L'INDUSTRIE	Alun de Chrome Chromate de Strontiane Sulfure de Cadmium Sulfure Sulfuré d'Antimoine Oxyde de Chrome
RÉACTIFS TRANSFORMANT L'ANILINE EN MATIÈRES COLORANTES	Bichlorure de Carbone Bichlorure d'Étain Bichlorure de Cuivre Acides Arseniques
RÉACTIFS MODIFIANT LES COULEURS D'ANILINE	Aldhéyde Iodure d'Éthyle

Parmi ces produits il n'en est que quelques-uns qui aient recu des applications nouvelles.

PRODUITS EMPLOYÉS EN MÉDECINE

HYPOPHOSPHITES. — Préconisés il y a quelques années par le docteur Churchill, les hypophosphites et celui de chaux en particulier s'emploient actuellement dans le traitement des maladies de poitrine. J'ai exposé l'hypophosphite de magnésie qui commence à se demander.

KERMÈS. — Je fabrique ce produit à la vapeur et par quantités importantes. Il s'en vend dans le commerce de diverses qualités qui varient suivant leur mode de préparation et leur couleur plus ou moins belle. Le kermès de Cluzel est à la fois le plus pur et le plus velouté. Les prix des kermès sont très-différents.

Le kermès de Cluzel vaut .	Fr. 16 à 18 le kilo.
Le kermès n° 1 vaut. . . .	à 9 —
Le kermès vétérinaire . . .	« 3 à 5 —

Les soufres dorés d'antimoine accompagnent toujours cette fabrication, mais ils sont d'un emploi moins général, à l'exception toutefois du sulfure d'antimoine orangé qui se demande depuis quelque temps pour l'industrie du caoutchouc.

TARTRATES. — J'ai exposé ceux qui sont le plus généralement employés, le sel de seignette et l'émétique. La France a en quelque sorte le monopole de la vente de l'émétique et l'exporte aussi bien en Allemagne qu'en Angleterre; l'émétique est donc pour moi l'objet d'une fabrication courante.

SESQUICHLORURE DE CARBONE. — Je puis le produire industriellement dans de bonnes conditions de prix et de pureté. MM. Girard et Delaire l'utilisent dans la fabrication de certaines couleurs, et il ne peut tarder, en raison de ses propriétés intéressantes, à recevoir de nouvelles applications.

PRODUITS EMPLOYÉS EN PHOTOGRAPHIE

La photographie nécessite l'emploi d'un grand nombre de produits chimiques et ne peut admettre que des réactifs d'une entière pureté et toujours identiques. Je m'en occupe d'une manière spéciale depuis plusieurs années, et ma fabrication en est assez importante pour que je considère les produits pour la photographie comme une des branches principales de mon industrie. Il ne m'a pas été possible, à mon grand regret, d'en exposer la série complète.

RÉACTIFS TRANSFORMANT L'ANILINE EN MATIÈRE COLORANTE

CHLOROFORME. — Sa grande importance réside toujours dans son emploi médical et dans les applications qu'il a reçues dans certaines industries. C'est un précieux dissolvant de certains alcaloïdes. La consommation de ce produit s'est considérablement accrue depuis quelques années. Il sert à préparer le Bichlorure de Carbone.

BICHLORURE DE CARBONE. — Il a été exposé pour rappeler la mémorable expérience de M. le Dr Hofmann, point de départ de l'industrie des rouges d'aniline.

BICHLORURE DE CUIVRE. — Ce produit est breveté en Angleterre pour la préparation d'un violet d'aniline, il a été également employé pour obtenir les noirs d'aniline.

RÉACTIFS MODIFIANT LES COULEURS D'ANILINE

ALDÉHYDE. — Ce fut longtemps un produit de laboratoire, et que son prix élevé rendait inabordable à l'industrie ; il sert maintenant de réactif dans la transformation du rouge d'aniline en vert et du violet en gris d'aniline.

Iodure d'éthyle. — Employé par M. le Dr Hofmann pour transformer le rouge d'Aniline en un violet particulier, l'iodure d'éthyle se consomme par quantités telles que les prix de l'iode en ont été influencés et ont considérablement haussé.

En terminant je rappellerai à Messieurs les Membres du Jury que dans mon usine de la Poterie deBelbeuf près Rouen je fabrique :

> Les Produits Chimiques employés en Médecine,
> Les Produits Ppharmaceutiques,
> Les Produits employés en Cristallerie,
> Les Produits employés en Pyrotechnie,
> Les Réactifs Chimiques,
> Les Produits employés en Teinture et en Impression;

En un mot tous les produits qui présentent quelque intérêt au point de vue médical, industriel ou scientifique.

APPENDICE

NOTE

SUR UN NOUVEAU MODE DE PRÉPARATION DE L'ACIDE BENZOÏQUE
PAR MM. PAUL ET ERNEST DEPOUILLY

Ce procédé est basé sur la transformation de l'acide phtalique en acide benzoïque.

Nous préparons l'acide phtalique au moyen de la naphtaline.

Un équivalent de phtalate neutre de chaux (phtalate bicalcique) est mélangé avec 1 équivalent de chaux hydratée et maintenu pendant quelques heures à une température de 330 à 350°, à l'abri d'une trop grande quantité d'air. Ce sel se trouve alors entièrement transformé en benzoate et carbonate de chaux, suivant l'équation :

$$C^{16} H^4 Ca^2 O^8 + Ca O, HO = C^{14} H^5 Ca O^4 + 2 (CO^2, Ca O).$$

Le dédoublement de l'acide phtalique en acides benzoïque et carbonique avait été pressenti :

Par Gerhardt, lorsqu'il a placé l'acide phtalique et la naphtaline dans la série benzoïque ; il considérait cet acide comme étant à l'acide benzoïque ce que l'acide oxalique est à l'acide formique (Gerhardt, *Chimie organique*, t. III, p. 413) ;

Par M. Berthelot (*Chimie organique fondée sur la synthèse*, t. I, p. 348 et 448) ; à propos du dédoublement de l'acide phtalique en acide carbonique et en benzine, l'auteur écrit : « Si l'on réussissait à arrêter la décomposition à moitié chemin, on obtiendrait sans doute l'acide benzoïque. »

Depuis, M. Dusart a essayé d'opérer ce dédoublement ; il n'a pas réussi ; mais en distillant un mélange de phtalate et d'oxalate de soude et de chaux, il a obtenu, entre autres produits, de petites quantités d'hydrure de benzoïle (*Comptes rendus de l'Académie*, 1862, t. LV).

L'acide benzoïque a maintenant une certaine importance commerciale ; il est employé surtout dans la fabrication du bleu d'aniline. On l'obtenait par le traitement des urines d'herbivores.

La fabrication industrielle de l'acide benzoïque au moyen de la naphtaline est exécutée maintenant dans l'une des usines de MM. Laurent et Casthelaz, qui sont brevetés pour ce procédé.

Depuis longtemps ces habiles fabricants nous avaient demandé de chercher pour la fabrication de l'acide benzoïque une matière première abondante et peu coûteuse.

NOTE

Sur Les Acides Phatalique et Chloroxynaphtalique,

par MM. Paul et Ernest DEPOUILLY

Dans son grand Travail sur les Dérivés de la Naphtaline, publié de 1832 à 1845, Auguste Laurent a indiqué le résultat complexe de l'action plus ou moins prolongée du chlore sur la naphtaline.

Il a obtenu un mélange de plusieurs corps, entre autres :

Le Chlorure de Naphtaline	$C^{10}H^8,Cl^2$
Le Bichlorure de Naphtaline	$C^{20}H^8,Cl^4$
Le Bichlorure de Cchloronaphtaline	$C^{20}H^7Cl,Cl^4$.

Il a isolé ces divers chlorures par des lavages, des cristallisations dans l'éther; puis en traitant de nouveau les chlorures liquides par le chlore pendant trois jours, il a opéré de nouvelles séparations et cristallisations, enfin le triage mécanique des cristaux.

Quand on reprend ces expériences, il arrive souvent que le bichlorure de chloronaphtaline, qui est en petite quantité, reste en dissolution dans les eaux-mères éthérées avec les chlorures huileux.

En traitant le bichlorure de naphtaline par l'acide azotique à l'ébullition, Laurent a obtenu un acide nouveau, l'acide phtalique $C^{16}H^6O^8$. Le bichlorure de chloronaphtaline, traité par le même agent, lui a donné de l'acide phtalique et un produit de nature butyreuse, dont il a extrait, par l'éther et l'alcool, un corps cristallisé, le chlorure de chloroxynaphtyle $C^{20}H^4Cl^2O^4$, lequel, par une dissolution alcoolique de potasse, se transforme en acide chloroxynaphtalique $C^{20}H^5ClO^6$, suivant l'équatation :

$$C^{20}H^4Cl^2O^4 + 2KO = C^{20}H^4ClKO^6 + KCl$$

Les sels de l'acide chloroxynaphtalique présentent des nuances variées et d'une grande beauté ; mais les quantités minimes, obtenues par les procédés de Laurent, ne permirent pas d'en chercher les applications.

Nous traitons la naphtaline par les chlorates alcalins et l'acide chlorhydrique, en agissant à froid. Ce moyen de chloruration conduit à des résultats inattendus. On peut fixer promptement, en une seule opération, une grande quantité de chlore sur la naphtaline, et obtenir beaucoup de bichlorure de naphtaline et de chloronaphtaline, et une très-faible proportion de protochlorure.

On peut se débarrasser du protochlorure et autres chlorures huileux, par la presse et les dissolvants.

Le mélange des bichlorures de naphtaline et de chloronaphtaline est attaqué par l'acide azotique au bain-marie. Cette action lente permet d'obtenir une plus grande quantité de chlorure de chloroxynaphtyle. Par une action plus violente, on transformerait ce chlorure colorable en acide phtalique.

Dans cette attaque modérée et simultanée des deux bichlorures par l'acide azotique, le bichlorure de naphtaline est transformé en acide phtalique, et la majeure partie du bichlorure du chloronaphtaline en chlorure de chloroxynaphtyle.

Il se dépose une masse complexe dont on extrait l'acide phtalique par l'eau bouillante : on le fait cristalliser, et on le transforme en acide benzoïque par les moyens indiqués par nous dans une note présentée dans la séance de l'académie des sciences du 24 Février 1865 (voir f° 33). ·

La partie insoluble dans l'eau est attaquée par les alcalis caustiques en solutions aqueuses. Le chlorure de chloroxynaphtyle est transformé et dissous à l'état de chloroxynaphtalate alcalin ; on le sépare du résidu, et en neutralisant cette solution par un acide minéral, l'acide chloroxynaphtalique se dépose à l'état encore impur.

Pour purifier l'acide chloroxynaphatalique, on traite son sel neutre de soude par l'alun en quantité suffisante, pour précipiter une matière colorante brune qui souille l'acide colorant. La liqueur filtrée, précipitée par un acide minéral, laisse déposer l'acide chloroxynapatalique à l'état d'une poudre cristalline d'un jaune pâle.

L'acide chloroxynaphatalique est jaune paille, cristallin, se sublimant en belles aiguilles. Il est peu soluble dans l'eau froide, plus soluble dans l'eau bouillante, soluble dans l'alcool, l'éther, la benzine.

L'acide sulfurique concentré le dissout. l'eau le précipite inaltéré de cette dissolution.

C'est un acide relativement énergique, décomposant les acétates alcalins, et, par conséquent, très-soluble dans ce genre de sels. Il se combine avec les bases minérales et organiques en formant des sels coloré de nuances variées.

Les sels de potasse, de soude et d'ammoniaque sont très-solubles dans l'eau ; moins solubles dans un exès d'alcali, plus solubles en présence de l'acide acétique, sont d'un rouge foncé ; leur solution est d'un rouge sanguin.

Le sel de chaux se dépose d'une solution bouillante en cristaux soyeux d'un jaune d'or, peu solubles dans l'eau froide.

Le sel de baryte, peu soluble, est d'une belle couleur orangée.

Le sel d'alumine est d'un rouge garance foncé ; le sel de fer, obtenu par un sel ferreux, est un précipité globuleux presque noir.

Le sel de cuivre est d'un rouge vif ; les sels de zinc et de cadmium sont d'un rouge brun ; le sel de plomb, couleur capucine ; les sels de nickel et de cobalt sont d'une couleur grenat ; le sel de mercure, rouge vif.

Le sel d'aniline est d'un beau rouge ; le sel de rosaniline est vert, soluble dans l'eau à laquelle il communique une belle nuance cerise.

Les sels que l'acide chloroxynaphatalique forme avec les bases métalliques et organiques, trouvent leurs applications dans la peinture, l'impression et la teinture.

L'acide chloroxynaphatalique teint sans mordant la laine en rouge intense ; mélangé avec d'autres colorants, il donne des nuances variées et est appelé à rendre de grands services comme matière tinctoriale.

NOTE

NOUVELLE MÉTHODE POUR TRANSFORMER L'ACIDE PHTALIQUE EN BENZOÏQUE,

PAR MM. PAUL ET ERNEST DEPOUILLY.

MM. Depouilly, continuant leurs travaux sur l'acide phtalique, ont trouvé un nouveau procédé pour le transformer en acide benzoïque.

L'acide phtalique est combiné à l'ammoniaque ; et chauffé à l'état de phtalate acide d'ammoniaque, il se décompose comme suit :

$$C^{16}H^5(NH^4)O^8 = C^{16}H^5NO^4 + 4HO.$$

en eau et phtalimide.

La phtalimide chauffée avec la chaux se dédouble à son tour :

$$C^{16}H^5NO^4 + 2CaO = C^{14}H^5N + 2CaO,CO^2.$$

en acide carbonique que fixe la chaux et en benzonitrile ou cyanure de phényle qui distille.

Le benzonitrile est transformé par la soude en benzoate de soude, puis en acide benzoïque.

$$C^{14}H^5N + NaO^3 + HO = C^{13}H^4NaO^4 + NH^3.$$

L'application en grand de ces réactions est à l'étude dans l'usine de John Casthelaz, de la Poterie de Belbeuf.

NOTE

MOYENS DE RECONNAITRE LA PURETÉ DES ACIDES PICRIQUES DU COMMERCE

PAR JOHN CASTHELAZ

se trouvait dans le commerce, l'année dernière, et il se rencontre sans doute encore des acides picriques de toutes sortes et de toutes qualités.

On distinguait :

L'acide picrique cristallisé n° 1   L'acide picrique en pâte n° 2

—   cristallisé n° 2   —   en pâte n° 2

—   en cristaux massés   —   en pâte n° 3

Dans de telles conditions, que devaient être les produits du bas de l'échelle? Ne rappelaient-ils pas ces préparations ou ces teintures homœopathiques à la sixième dilution !

Pour éviter toute confusion, ne serait-il pas préférable de ne préparer que deux sortes d'acide picrique, l'une et l'autre aussi pures qu'elles peuvent êtres obtenues dans une fabrication industrielle :

L'Acide Picrique Cristallisé Pur ;

L'Acide Picrique Pulvérulent Pur ?

J'ai adopté ces deux types, d'autres fabricants feront de même, et je suis persuadé qu'avant peu ils figureront seuls dans le commerce.

J'ai pensé qu'il serait à la fois commode pour le fabricant et pour le consommateur d'avoir un petit appareil qui leur permît de s'assurer en quelques instants de l'état de pureté d'un acide picrique. J'ai donc réuni dans une même boîte tubes gradués, mortier, pilon, balances, réactifs, types, etc. Cet ensemble constitue le Picricomètre de John Casthelaz.

ACIDE PICRIQUE PUR

L'acide picrique est un des dérivés les plus importants de l'acide phénique ; son nom scientifique d'acide trinitrophénique en indique à la fois la provenance et la composition.

Obtenu par la réaction de trois équivalents d'acide azotique $(3AzO^5)$ sur un équivalent d'acide phénique $(C^{12} H^5 O, H O)$, l'acide picrique a pour formule $(C^{12} H^2 (Az O^4)^3, H O)$.

L'acide picrique, comme l'indique son nom, a une saveur amère et insupportable : plus soluble dans l'eau à chaud qu'à froid, il cristallise en lamelles ou en petits cristaux prismatiques à base rhombe, d'une belle couleur jaune paille.

L'acide picrique, soumis à la chaleur, fond et se sublime en partie sans altération; chauffé rapidement à l'air libre, il s'enflamme sans explosion et brûle en laissant un résidu charbonneux ; enfin, chauffé brusquement, il détone. Les acides chlorhydrique, nitrique, sulfurique sont sans action sur lui.

L'acide picrique se combine aux bases et donne des sels jaunes en général, et tous plus ou moins solubles ; il en sera parlé plus longuement dans l'essai de l'acide picrique par voie humide.

L'acide picrique, enfin, se dissout facilement dans l'alcool, dans l'éther, ainsi que dans le benzol ou la benzine.

C'est sur ces dernières propriétés de l'acide picrique, sur sa solubilité dans l'éther ou dans la benzine qu'est basé l'essai de l'acide picrique au moyen du picrico-mètre.

IMPURETÉS DES ACIDES PICRIQUES

Les impuretés qui se rencontrent dans les acides picriques du commerce sont de deux natures :

1° Les impuretés accidentelles ;
2° Les impuretés additionnelles.

Les premières proviennent de vice de fabrication, les secondes de sophistications ou d'additions.

IMPURETÉS ACCIDENTELLES. — Elle sont dues soit aux agents employés dans la fabrication de l'acide picrique, soit à des réactions incomplètes, soit à d'autres causes que nous allons indiquer :

1° Si l'on a employé de l'acide phénique impur, contenant des huiles de houille neutres, l'acide picrique sera accompagné de composés nitrés étrangers qui se distinguent par leur insolubilité dans l'eau ;

2° Si la réaction de l'acide nitrique sur l'acide phénique n'a pas été assez complète, l'acide picrique peut contenir également des produits insolubles à l'eau. Il pourra contenir aussi des acides nitrophéniques ou binitrophéniques qui donnent en tein-ture une nuance moins franche et moins vive que l'acide picrique ;

3° Si l'acide picrique en pâte n'a été ni bien lavé ni bien égouté, il peut conte-nir encore de l'eau et de l'acide nitrique ;

4° Si la réaction de l'acide nitrique sur l'acide phénique ou sur certaines huiles qui l'accompagnent a été trop vive ou poussée trop loin par la chaleur, l'acide picrique peut contenir de l'acide oxalique. Le cas est rare. Aussi, l'acide oxalique qui se trouve associé quelquefois à l'acide picrique cristallisé peut-il rentrer bien souvent dans la catégorie des impuretés additionnelles.

Les traces d'acide sulfurique ou d'acide chlorhydrique que contiennent les acides nitriques du commerce disparaissent au lavage, et l'on peut n'en pas tenir compte.

IMPURETÉS ADDITIONNELLES. — Ce sont les plus importantes à reconnaître et à signaler.

Si l'on trouve dans l'acide picrique (fabriqué avec ces deux seuls produits, acide nitrique et phénol), des quantités notables de sulfate de soude, de chlorure de sodium, d'alun, etc., il est peu probable que ces impuretés proviennent de la fabri-tion, elles ont dû se trouver transportées dans l'acide picrique par voie d'addition.

Picricomètre de J. CASTHELAZ

Principe. — L'acide picrique pur étant soluble dans l'éther et dans la benzine, les impuretés signalées étant peu solubles ou insolubles dans ces deux dissolvants, il en résulte un moyen simple, prompt et facile de les séparer.

En traitant l'acide picrique à essayer par vingt fois son poids d'éther sulfurique rectifié, ou par le benzol en excès, l'acide picrique est dissous ; les impuretés, acide oxalique, alun, sels à base de soude, etc., restent insolubles.

Picricomètre. — L'appareil consiste en un tube gradué resserré à sa partie inférieure. L'espace resserré contient à peu près 1 gr. d'acide picrique pulvérisé. Le tube qui suit l'espace resserré est divisé en quatre parties pouvant contenir chacune 5 gr. d'éther, soit ensemble 20 gr. d'éther. Le tube est bouché à l'émeri pour éviter l'évaporation du dissolvant.

Essai de l'Acide Picrique a l'Éther. — La manière de procéder pour essayer l'acide picrique par l'éther, au moyen du picricomètre, est des plus simples. Il suffit de prendre un échantillon aussi conforme que possible de l'acide picrique à essayer, mélanger, pulvériser et bien diviser ledit acide, en peser 1 gr., le placer dans le picricomètre, verser l'éther sulfurique jusqu'à la quatrième division, soit une quantité de 20 gr. ; agiter pendant quelques instants.

Si l'acide picrique est pur, il se dissoudra en totalité dans l'éther ; si l'acide est mélangé, les impuretés insolubles se réuniront dans la partie inférieure du tube, et il sera facile d'en apprécier les proportions.

Si l'on veut procéder plus rigoureusement et peser le dépôt insoluble, une bonne précaution à prendre consiste à le laver avec 5 gr. d'éther et à renouveler une seconde fois ce lavage, pour enlever ainsi les dernières traces d'acide picrique. Après cette élimination, il sera facile de déterminer la nature du dépôt insoluble par les procédés ordinaires d'analyse.

Essai de l'acide Picrique au Benzol. — MM. Depouilly, auxquels j'ai parlé du mode d'essai de l'acide picrique à l'éther, recommandent l'essai au moyen du benzol, indiqué il y a quelques années par M. Moiret, de Lyon, dans les deux cas suivants :

1° Lorsqu'on veut constater la présence d'eau, d'acide minéral liquide (principalement d'acide nitrique) ou d'un sel hydraté que peut contenir l'acide picrique ;

2° Lorsqu'on veut apprécier plus sûrement la quantité d'acide oxalique.

En effet, l'acide oxalique, légèrement soluble dans l'éther, est complétement insoluble dans le benzol. Le benzol ne dissolvant ni les sels à base de soude signalés précédemment, ni l'alun, ces derniers restent insolubles et se précipitent comme dans l'essai à l'éther.

Le benzol est moins bon dissolvant de l'acide picrique que l'éther, et il faut chauffer légèrement pour faciliter la dissolution. Dans ces conditions, mieux vaut n'opérer que sur un demi-gramme du produit à essayer, et plonger le tube d'essai dans l'eau tiède, pour aider la dissolution de l'acide picrique.

ESSAI DE L'ACIDE PICRIQUE PAR VOIE HUMIDE

Les picrates sont en général très-solubles. Les picrates de soude, de chaux, de baryte, de fer, de bioxyde de mercure et d'argent sont très-solubles.

Les picrates les moinssolubles sont ceux de plomb, de protoxyde de mercure et de potasse.

La différence de solubilité du picrate de potasse et du picrate de soude fournit unexcellent moyen pour reconnaître et distinguer les sels à base de potasse de ceux à base de soude.

L'acide picrique dissous, versé dans une solution d'un sel de potasse, donne immédiatement un précipité jaune de picrate de potasse.

Pour essayer l'acide picrique, on le dissout dans l'eau distillée, on le traite successivement par les réactifs suivants, qui ne doivent donner aucun précipité si l'acide picrique est pur :

1° Par l'eau de chaux : s'il y a précipité, il sera formé de sulfate d'oxalate de chaux, indiquant la présence du sulfate de soude, d'alun ou d'acide oxalique ;

2° Par l'eau de baryte : s'il y a précipité, il sera formé de sulfate ou d'oxalate de baryte ; ce dernier sel est soluble dans l'acide nitrique, tandis que le sulfate est insoluble dans le même réactif. Ces précipités indiquent la présence des mêmes impuretés que ci-dessus ;

3° Par le nitrate d'argent : s'il y a précipité, il sera formé de chlorure d'argent soluble dans l'ammoniaque, indiquant la présence du chlorure de sodium.

L'eau de chaux, de baryte et le nitrate d'argent, dans ces essais, pourraient être remplacés par les picrates dissous des bases correspondantes. Un acide picrique pur à ces réactifs peut contenir encore des nitrates, mais ces sels seront décélés par l'essai à l'éther au moyen du picricomètre.

Les résutats obtenus par voie humide servent ainsi de contrôle aux indications du picricomètre ; et, quand ces modes d'essai seront connus et adoptés, les acides picriques du commerce ne seront plus sujets à contenir ces impuretés additionnelles qu'il importe tant au consommateur de reconnaître et de repousser.

ESSAI DU TANNIN

L'acide tannique, ou le tannin, commence à s'employer en industrie; bien qu'aucune fraude n'ait été signalée jusqu'ici, en raison du haut prix de ce produit, il est bon de pouvoir l'essayer facilement.

Le tannin étant soluble dans l'éther, 1 gr. de tannin placé dans le tube d'essai et recouvert de 10 gr. d'éther devra s'y dissoudre complétement.

Tous les essais au moyen de dissolvants volatils ou de l'éther pourront se faire dans un tube analogue au picricomètre, l'essai du sulfate de quinine, par exemple, et celui de divers autres alcaloïdes.

TABLE DES MATIÈRES